AF337856

LE CONSEILLER

PLOUVAIN.

1834.

LE CONSEILLER

PLOUVAIN.

----♦----

Lᴏʀsǫᴜ'ᴜɴᴇ grande révolution a éclaté dans un pays, que partout des ruines ont été amoncelées, que toute l'ancienne société a été bouleversée et dissoute, on doit s'applaudir, dans l'intérêt de la science et des traditions historiques, de retrouver, parmi ceux qui ont survécu à ces orages, des hommes loyaux, probes et véridiques, qui viennent rendre témoignage du passé, et raconter aux générations nouvelles ce qu'ils ont vu des tems d'autrefois.

C'est surtout en France, après les commotions si profondes qui ont remué le pays depuis 40 ans, que de tels narrateurs se recommandent à l'attention de leurs concitoyens. De cette société vieillie et disloquée, qui a précédé la révolution de 1789, il n'est plus rien resté. Dans l'effervescence des passions populaires, tout ce qui n'était pas d'hier a été anéanti. Jamais à aucune époque pareille frénésie de démolir ne s'est emparée d'un peuple, jamais rupture plus violente n'a séparé le passé du présent : institutions politiques, religieuses et sociales, temples et châteaux antiques, monumens et tombeaux, titres et archives, tout a été détruit, renversé, jeté aux flammes et au vent.

Toutefois cette fièvre ardente n'eut qu'un tems, cette irritation convulsive qui exaltait les têtes se calma et s'éteignit bientôt, dès que la lutte fut terminée par la défaite entière de l'ancien régime. La société rajeunie, consolidée sur de nouvelles bases, et n'ayant plus à redouter un ennemi désormais impuissant, se montra curieuse de connaître quels avaient été les antécédans, la vie, la physionomie de cet adversaire vaincu. Le goût des études historiques se réveilla tout-à-coup; on ne s'arrêta plus à des résumés incomplets, à de superficiels aperçus. De toutes parts les investigateurs se mirent à l'œuvre, et dirigèrent des recherches approfondies, non pas seulement sur l'histoire générale de France, mais aussi sur les annales particulières des provinces et des localités. Toutes les bibliothèques des départemens, tous les dépôts publics furent visités diligemment, explorés avec sollicitude par des hommes laborieux, dans l'espoir d'y découvrir des documens, d'anciennes chartes, de vieux titres échappés par miracle à la destruction.

Bien qu'au premier aspect, cette étude des chroniques et des institutions locales puisse paraître minutieuse et superflue, elle n'en présente pas moins dans la réalité des avantages incontestables. Outre qu'elle intéresse les villes et les communes à qui elle révèle leur origine et leurs destinées, elle est encore pour l'histoire générale un puissant auxiliaire en lui fournissant de riches matériaux, de précieux renseignemens, qui peuvent élucider bien des points obscurs, et résoudre de nombreux problèmes jusque là insolubles.

Parmi les hommes justement estimés qui se vouèrent à ce genre d'étude avec un zèle et une constance inébranlables, on doit citer honorablement M. Plouvain, mort en 1832, conseiller à la cour royale de Douai. Nous nous proposons dans cet article de présenter quelques indications sur sa vie et ses travaux, de dire ce qu'il a été et ce qu'il a fait.

Pierre-Antoine-Samuel-Joseph Plouvain, né à Douai, le 7 septembre 1754, fut, après avoir terminé le cours de ses études, reçu avocat au parlement de Flandre.

Le 13 février 1777, il fut, à l'âge de 23 ans, institué conseiller à la gouvernance de Douai; cette juridiction était investie d'attributions analogues à celles qui sont aujourd'hui devolues aux tribunaux civils d'arrondissement. C'était une justice paternelle, bienveillante, chérie des populations avec lesquelles elle était en contact.

La grande révolution de 1789 ne tarda pas à surgir, brillante et parée à son aurore, ne promettant que des réformes indispensables; elle fut saluée avec enthousiasme par un peuple régénéré. Toute l'ancienne organisation judiciaire confuse, irrégulière, incohérente f ut supprimée, et l'assemblée constituante dota la France d'institutions plus conformes aux progrès des lumières et aux nécessités du tems. La Gouvernance de Douai cessa d'exister. Les magistrats qui la composaient, durent résigner leur office en vertu des décrets des 6 et 7 septembre 1790. Sans être un partisan bien prononcé des idées nouvelles, M. Plouvain n'y répugnait pas. Il fut élu juge au tribunal de district de Douai, et entra en fonctions le 21 mai 1791.

Mais bientôt des innovations poussées à l'extrême suscitèrent des antipathies et de funestes résistances. De là, des luttes passionnées, des réactions sanglantes. En 1792, M. Plouvain, avec son caractère paisible et doux, n'était plus à la hauteur des principes dominans, et ne pouvait convenir aux opinions ardentes des fougueux démagogues de cette époque. Il ne fut pas réélu membre du tribunal, et rentra dans la vie privée où il vécut obscur et tranquille pendant que les tempêtes politiques grondaient sur la France.

Toutefois c'était un de ces hommes, dont l'intégrité, l'expérience et le savoir ne peuvent rester longtems dans l'oubli. En 1795, il fut appelé à faire partie du tribunal civil du département, institution défectueuse, éphémère, momentanément substituée aux tribunaux de district, et remplacée en 1800 par les tribunaux actuels de première instance.

Après de longs troubles et de violentes crises politiques, il reste toujours de graves désordres à réprimer. C'est l'agitation qui suit la tempête : on ne remue pas impunément la lie et le fond des états. Dans l'intérêt de la sûreté publique et de la paix intérieure, des moyens énergiques de répression devinrent nécessaires. Par la loi du 23 floréal an 10 (13 mai 1802) des tribunaux criminels spéciaux furent établis avec mission de juger particulièrement les coupables de faux, de fausse monnaie et d'incendie. M. Plouvain, d'abord juge suppléant, fut nommé en 1807 juge titulaire au tribunal criminel spécial au département du Nord, tribunal qui reçut ensuite le nom de *cour de justice criminelle spéciale.*

En 1810, la magistrature fut reconstituée, et il intervint une loi qui, en organisant définitivement l'ordre judiciaire, confia aux cours impériales l'administration souveraine de la justice. « Il faut à l'empire, disait le conseiller d'état Treil-
» hard, des magistrats qui, se renfermant dans le cercle, mais
» connaissant toute la grandeur et toute l'étendue de leurs at-
» tributions, sachent déployer le courage qui brave des res-
» sentimens injustes, la force qui brise le choc de toutes les
» passions déchaînées ; des magistrats inaccessibles à toute
» autre crainte que celle de ne pas répondre à la confiance du
» prince et de manquer à leurs devoirs ; des magistrats enfin
» qui placent au premier rang de leurs plus douces jouissan-
» ces le témoignage d'une conscience pure, et cette considéra-
» tion flatteuse que la vertu sait arracher même de la cons-
» cience de ses ennemis. » (Exposé des motifs de la loi du 20 avril 1810.)

M. Plouvain fut jugé digne de prendre place parmi de tels magistrats, le 6 avril 1811, il fut nommé conseiller à la Cour impériale de Douai.

Le 26 avril 1816, cette Cour reçut de Louis XVIII l'insti-

tution royale. M. Plouvain fut confirmé dans ces mêmes fonctions de conseiller qu'il continua jusqu'à sa mort de remplir
avec honneur et à la satisfaction de tous.

Il mourut le 29 novembre 1832 , à l'âge de 78 ans.

Sa perte , sentie comme elle devait l'être , excita d'unanimes
regrets. Appelé aux affaires depuis 55 années, on lui rendit
cette justice qu'il ne resta point un seul instant au-dessous des
charges importantes qu'il occupa successivement. Aux assises
qu'il présida, il sut concilier les devoirs rigoureux attachés à
sa dignité avec les égards dûs à l'infortune, même coupable, et
comme membre de la Cour de Douai, il mérita constamment
l'approbation des chefs de la compagnie, l'affection de ses collègues et l'estime des gens de bien. Citoyen aussi recomman-
dable par ses vertus privées que par les qualités qu'il déployait
dans l'exercice de son ministère, magistrat consciencieux et
intègre, sans passion au milieu des orages politiques, c'é-
tait un de ces hommes qui font honneur à l'humanité, et
dont la mort est toujours à déplorer. Disons-le, cependant :
la longue carrière de M. Plouvain a été dignement remplie.
Elle a été féconde en résultats utiles et en bons services pour
le pays.

Au surplus, ce n'est pas seulement en qualité de magistrat
qu'il doit être remarqué. D'autres titres lui obtinrent la consi-
dération publique. Longtems il veilla aux intérêts des pauvres,
soit en qualité de membre du bureau de bienfaisance, soit
comme administrateur des hospices ; et, depuis 1812 jusqu'en
1830 , il siégea au conseil municipal de la ville de Douai.

Amateur distingué des sciences et des arts , plusieurs sociétés
académiques l'admirent dans leur sein. Le 6 ventose an XI (24
février 1803) il fut élu membre de *la Société libre d'amateurs
des sciences et des arts de Douai*, société qui depuis fut avec
justice décorée du nom de *Société royale et centrale d'agricultu-
re du département du Nord*. Jusqu'en 1823 , M. Plouvain en
fit partie comme membre résidant. A cette époque la société

lui décerna le titre de membre honoraire, distinction toute flatteuse, conférée seulement aux membres émérites qui ont, pendant 20 ans, participé aux travaux de l'académie. Le 20 janvier 1826, la *Société royale d'Arras, pour l'encouragement des sciences, des lettres et des arts*, le reçut parmi ses associés correspondans ; et en 1832 il fut également nommé membre correspondant de la *Société royale des antiquaires de la Morinie*, séant à Saint-Omer. Des personnes regardent les sociétés savantes comme oiseuses : ce jugement est sévère. Sans parler des découvertes qu'elles propagent, elles réunissent des hommes instruits et les mettent à portée de se communiquer leurs observations et leurs idées. C'est là surtout qu'est l'utilité. Au moral comme au physique, l'homme, en s'associant à ses semblables, multiplie sa puissance. L'ensemble des connaissances humaines est comme une vaste chaîne dont chaque individualité ne forme qu'un anneau.

Les diverses fonctions dont M. Plouvain fut successivement investi ne l'empêchèrent pas de s'adonner avec ferveur à d'autres occupations intellectuelles. Pendant qu'il était attaché à la gouvernance de Douai, il eut avec un autre conseiller (M. Six) (1) le courage de se livrer aux recherches les plus pénibles et

---

(1) M. Six *(Philippe-Josse-Auguste)*, né à Lille, le 5 mars 1732, fut conseiller en la Gouvernance de Douai, depuis le 7 mars 1777 jusqu'au 15 novembre 1785. Il se démit à cette époque de ses fonctions, et quelque tems après, il se retira à Seclin *(arrondissement de Lille)* où il mourut le 23 septembre 1793.

M. Six conçut le premier la pensée de former la collection des lois en vigueur dans le ressort du parlement de Flandre. Mais il ne prit qu'une très-faible part à l'exécution de ce projet. S'étant adjoint M. Plouvain, le plus jeune de ses collègues, celui-ci forma le plan du recueil et en réalisa la confection. M. Six lui laissa toute la charge du travail et se borna à recueillir, de divers possesseurs de collections, quelques matériaux qu'il remit à M. Plouvain. L'ouvrage, imprimé à Douai, chez *Derbaix* et *Marlier*, parut par souscription. Déjà onze volumes étaient publiés ; le douzième était imprimé ; et la table des matières qui complétait le recueil était sous presse lorsqu'en 1792, la Société populaire de Douai força les imprimeurs à détruire ce douzième volume et à briser

les plus opiniâtres pour réunir et publier la législation parti-
culière des provinces du ressort du parlement de Flandre. Ce
recueil complet en douze volumes in-4°, dont les premiers pa-
rurent en 1785, fut un véritable service rendu au pays et surtout aux magistrats et aux jurisconsultes.

Aimant passionnément la ville de Douai, où il était né, M.
Plouvain ne cessa pendant toute sa vie de signaler son ardeur
pour les investigations historiques et statistiques de la localité.
Erudit infatigable, il travaillait sans relâche à en recueillir
les résultats, et se fesait en quelque sorte un devoir de conser-
ver religieusement tout ce qu'il croyait pouvoir intéresser le
pays, sa sollicitude et son empressement à cet égard ne se ra-
lentirent jamais. Aucun soin ne lui était pénible, aucune dé-
marche ne lui coûtait lorsqu'il s'agissait de se procurer un do-
cument, de constater un fait, de préciser une date. Après d'in-
nombrables recherches, après avoir pendant longtems rassem-
blé des matériaux qui remplissent plusieurs énormes volumes
in-4°, après avoir copié de sa main une quantité considérable
de chartes, de titres, d'extraits de chroniques, et colligé sur la
ville de Douai tous les renseignemens possibles, il se décida
enfin à publier, en 1822, un précis analytique de ses travaux;
sous le titre modeste de *Souvenirs à l'usage des habitans de
Douai ou notes pour servir à l'histoire de cette ville.* (2)

les formes de la table des matires. Il n'existe plus aujourd'hui de ce
volume et de la table qu'un exemplaire unique appartenant à M. le conseiller Nepveur, gendre de M. Plouvain, autre magistrat bien distingué,
et d'un mérite trop éminent pour qu'on en puisse parler sans blesser sa
modestie.

(2) Un gros volume in-12 de 800 pages, à Douai, chez Deregnaucourt, imprimeur-libraire, éditeur, rue St.-Jacques. Prix 3 fr.

M. Plouvain a encore publié:

1° Deux brochures in-4° imprimées, l'une en 1809, chez M. Deregnaucourt, et l'autre, en 1823, chez M. Wagrez, tous deux imprimeurs
à Douai. La première est intitulée : *Notes historiques relatives aux
offices et aux officiers de la cour de parlement de Flandres,* et la
seconde, *Notes historiques relatives aux offices et aux officiers du conseil d'Artois.*

Ce livre, rempli d'indications très-précieuses, fournirait d'utiles élémens pour la composition régulière d'une histoire de l'ancienne ville de Douai. M. Plouvain a vécu, pour ainsi dire, sur la limite de deux siècles, et parmi ces générations intermédiaires transitoirement placées entre la société d'autrefois et la société d'aujourd'hui, il était donc mieux que tout autre, en position de nous transmettre les traditions fidèles d'une époque dont il fut l'un des derniers témoins. Aussi son ouvrage contient-il de fort intéressantes révélations et abonde-t-il en faits curieux et peu connus.

L'auteur y considère successivement la ville de Douai sous ses divers points de vue, et la montre telle qu'elle était autrefois avec ses nombreux établissemens *religieux*, son ordre *judiciaire*, ses institutions *municipales*, son état *militaire*, son *université*, ses *hospices* et fondations de bienfaisance ; et tour à tour, il signale les mutations, les vicissitudes que ces diverses branches d'organisation ont ultérieurement éprouvées pendant et depuis la révolution.

Envisagée sous son aspect *religieux*, la vieille cité apparait avec ses églises collégiales et paroissiales, son officialité, ses 15

2° En 1824, un volume in-12, ayant pour titre : *Notes ou essais de statistique sur les communes composant le ressort de la Cour royale de Douai*. Imprimé chez M. Wagrez. Prix 2 fr.

Cet opuscule est très-intéressant. Il donne en peu de mots sur chaque commune les notions qu'il importe le plus de connaître. Un point essentiel, surtout pour les jurisconsultes, c'est qu'il indique à quel ressort, à quelle juridiction chaque localité appartenait, et par quelle coûtume elle était régie en 1789. Ces dernières indications sont puisées dans un précieux manuscrit composé par M. Prisse, avocat à Avesnes, intitulé *Tableau général du ressort du parlement de Flandres*, et offert en 1786, à M. de Casteele, procureur-général. Cet ouvrage remarquable es entièrement inédit. 'M. Plouvain en a tiré une copie.

3° En 1828, un volume in-12, sous le titre d'*Ephémérides historiques de la ville de Douai*, imprimé à Douai, chez M. Deregnaucourt. Prix 1 fr. 50. — Une biographie douaisienne comprise dans ce volume contient quelques particularités dignes d'arrêter l'attention.

monastères d'hommes , ses 16 couvens de femmes , ses confré-
ries de dévotion , ses calvaires et ses cimetièrés intérieurs ;

Sous le rapport *judiciaire*, l'auteur nous la retrace avec son
ancien et grave parlement de Flandres, son siége royal de la
Gouvernance , ses diverses juridictions, ses maisons de justice
et son maître des hautes œuvres qui avait une demeure privi-
légiée et des salaires tarifés , pour chaque exécution, de 10 à 40
sous, suivant qu'il s'agissait de *couper une oreille* seulement ,
ou bien d'*enfouir*, de *brûler* ou de *bouillir*.

Quant à ses institutions *municipales*, la ville de Douai s'of-
fre aux regards avec sa bourgeoisie reconnue par une charte
communale, ses échevins, son hôtel-de-ville gothique, ses ar-
moiries, ses corporations d'arts et métiers, ses jurandes et ses
compagnies de serment et de plaisance.

En décrivant l'état *militaire* de la place de Douai, l'auteur
nous dit quelle fut l'origine de la cité, comment elle grandit et
se développa ; quels furent ensuite les gouverneurs et les officiers supérieurs qui la commandèrent. Il nous la représente
avec son école d'artillerie et sa fonderie créées par Louis XIV,
ses vieilles tours, ses portes de guerre, et ses fortifications re-
construites par Vauban.

Au titre qui concerne l'*instruction publique*, on lit d'abord
une notice sur l'institution, les progrès et la suppression de
l'ancienne université de Douai, puis viennent des détails sur
les diverses facultés de théologie, de droit, de médecine et des
arts dont elle se composait, sur les 6 colléges et les 19 séminaires
établis à Douai, et sur la confrérie des *clercs parisiens*, fondée
du tems de St.-Louis. De deux autres titres qui ont encore trait
à l'université, l'un mentionne quelques particularités fort ori-
ginales, relatives à certaines discussions théologiques jadis re-
nommées; l'autre rappelle les cérémonies préalables à la déli-
vrance du grade de docteur. Le candidat fesait lui-même les
invitations pour assister à sa dernière thèse. Il était accompa-
gné des bacheliers de sa faculté; dans celle de droit, les ba-

cheliers montaient à cheval et se faisaient précéder des tym-
bales et des trompettes des troupes à cheval de la garnison.

Enfin, dans un titre qui s'applique spécialement aux établissemens de *bienfaisance*, l'auteur énumère les hôpitaux,
maladreries et léproseries, les hospices consacrés aux orphelins
et aux enfans trouvés, les maisons d'asile toujours ouvertes
aux pèlerins, et parle en dernier lieu des moyens employés
pour secourir les pauvres dans leur domicile. Lorsqu'ils s'a-
git d'œuvres de charité, de soulager les malheureux, de pro-
diguer des soins à ceux qui souffrent, il faut reconnaître, à la
louange des tems passés, qu'ils l'emportent de beaucoup, par
l'immensité de leurs bienfaits, sur notre siècle d'indifférence et
d'égoïsme.

Telles sont les principales divisions du livre qui nous oc-
cupe. Toutefois l'auteur ne se borne pas à ces notions importantes et généralement complètes. La chronique proprement
dite et l'indication des évènemens tiennent aussi, dans *les Souvenirs* une place fort étendue. On y trouve des faits qui remon-
tent jusqu'à l'an 496.

Le même ouvrage renferme en outre une foule de variétés
historiques sur des sujets particuliers, et notamment sur les
templiers et les francs-maçons, sur les fêtes publiques, sur
l'imprimerie, sur les foires et marchés, etc. etc.

On peut voir par cet aperçu que l'œuvre de M. Plouvain n'est
point une composition stérile. Elle mérite d'être étudiée, sera
toujours consultée avec fruit, et doit tenir un rang distingué
dans la bibliothèque des amateurs de l'histoire et des antiqui-
tés de notre pays.

Néanmoins, pour faire la part de la critique, nous hasarde-
rons quelques observations :

L'auteur n'indique nulle part les sources où il a puisé. C'est
un inconvénient. Dans les livres de ce genre, où l'exactitude est

si essentielle, il est bon que le lecteur puisse facilement juger par lui-même de la vérité des choses qui frappent son attention. Nous devons dire cependant qu'ayant eu l'occasion de vérifier quelques passages des *Souvenirs*, les assertions de l'auteur nous ont paru fondées, et les faits rapportés entièrement conformes à la réalité. (3)

On pourrait désirer dans l'ouvrage une marche plus rationnelle, un ordre plus méthodique. Il est aisé de s'appercevoir, surtout vers la fin, qu'il a été publié avant d'être achevé. On sait, en effet, qu'il a paru par livraisons détachées.

---

(3) Sur l'histoire et les établissemens de l'ancienne ville de Douai, on peut lire, entr'autres ouvrages :

— Buzelin : *Gallo Flandria sacra et profana*, lib. 1, cap. 34 et seg. 1 vol. in-f°. Douai, 1625.

— Les annales du même auteur *(Annales Gallo-Flandriæ)*. 1 v. in-f°. Douai, 1624. — Voyez la table des matires de ces annales au mot *Duacum*.

— L'histoire sacrée des Saints ducs et duchesses de Douay, recueillie par le révérend pre Martin Lhermite de la compagnie de Jésus. — — Douai, 1637.

— Burgundius, ad consuetudines Flandriæ. cap. 3. — Bruxelles, 1674. M. Plouvain a en outre consulté :

— Les Collections des anciennes lois françaises et surtout le recueil des édits et déclarations qu'il a lui-même publié pour le ressort du parlement de Flandres.

— L'ouvrage intitulé *Diplomatica Belgica* d'Aubert Le Mire, 4 v. in-f°. — Bruxelles, 1723.

— Les Chroniques et annales de Flandres, de Pierre d'Oudegherst. 1 vol in-4°. — Anvers, 1571.

— Les Histoires particulires des ordres religieux.

— La Géographie universelle de Duval. — Lyon, 1688.

— Le Manuscrit de M. Prisse ayant pour titre *Tableau général du ressort du parlement de Flandres*, cité dans la note précédente.

— La Vie de Saint Maurand, patron de la ville de Douay, recueillie de divers auteurs, par Martin de Ras es, avocat au parlement de Tournay.

— Une foule de titres et de mémoires manuscrits ou imprimés.

— Tout ce qui est resté de documens anciens aux archives de la ville de Douai, etc. etc.

Enfin la nomenclature des faits est parfois un peu trop nue, trop aride, trop brusquement tranchée. Elle est aussi bien minutieuse et comprend des choses qui, à la rigueur, peuvent paraître insignifiantes. Mais cette dernière faute, si c'en est une, ne peut que conduire à estimer davantage le laborieux chroniqueur. Il semble qu'il ait craint de rien oublier. Cette loyauté consciencieuse, cette candeur de caractère ajoutent encore à son éloge.

En dernière analyse, ce qu'a été, ce qu'a fait M. Plouvain peut se résumer en quelques mots : ce fut *un bon magistrat et un honnête homme, auteur d'un livre utile.* Paix et honneur soient à sa cendre.

E. T